P9-APO-987

DISCARDED

ADIRONDACK COMMUNITY COLLEGE
LIBRARY
BAY ROAD

DISCARDED

AÏDA
IN FULL SCORE

GIUSEPPE VERDI

DOVER PUBLICATIONS, INC.
NEW YORK

ADIRONDACK COMMUNITY COLLEGE
LIBRARY
BAY ROAD

Published in Canada by General Publishing Company, Ltd.,
30 Lesmill Road, Don Mills, Toronto, Ontario.

This Dover edition, first published in 1989, is a
republication of the edition originally published by G. Ricordi,
Milan, in 1913. A list of instruments and a table of contents
have been added.

We are grateful to the Paul Klapper Library of Queens
College for the loan of the score.

Manufactured in the United States of America
Dover Publications, Inc., 31 East 2nd Street,
Mineola, N.Y. 11501

Library of Congress Cataloging-in-Publication Data

Verdi, Giuseppe, 1813–1901.
Aïda.

Opera in 4 acts.
Italian words.
Libretto by Antonio Ghislanzoni.
Reprint. Originally published: Milano ; New York :
G. Ricordi, c1913.
1. Operas—Scores. I. Title.
M1500.V48A55   1989   89-754091
ISBN 0-486-26172-7

CONTENTS

AÏDA

Opera in 4 acts
Libretto by Antonio Ghislanzoni

based on a scenario by Auguste Mariette
and a prose libretto by Camille Du Locle

Music by Giuseppe Verdi
Premiere performance:
Cairo, 24 December 1871

CHARACTERS

Aïda, princess of Ethiopia, daughter of Amonasro	Soprano
Radamès, captain of the Egyptian army	Tenor
Amneris, daughter of the King of Egypt	Mezzo-Soprano
Amonasro, King of Ethiopia	Baritone
Ramfis, High Priest of Egypt	Bass
King (Pharaoh) of Egypt [Il Re]	Bass
Messenger [Messaggero]	Tenor
High Priestess of Egypt [Gran Sacerdotessa]	Soprano
Priests [Sacerdoti]	Tenors, Basses
Priestesses [Sacerdotesse]	Sopranos
Ministers and Captains [Ministri e Capitani]	Tenors, Basses
Slaves [Schiavi]	Sopranos
Prisoners [Prigionieri]	Basses
People [Popolo]	Sopranos, Tenors, Basses

INSTRUMENTATION

Piccolo [Ottavino, Ott.] (= Flute III)
2 Flutes [Flauti, Fl.]
2 Oboes [Oboi, Ob.]
English Horn [Corno Inglese, C. Ing.]
2 Clarinets (A, B♭, C) [Clarinetti, Clar. (La, Si♭, Do)]
Bass Clarinet (B♭) [Clarinetto Basso, Clar. B. (Si♭)]
2 Bassoons [Fagotti, Fag.]
4 Horns (C, D♭, D, E♭, E, F, G, A, B♭) [Corni, Cor. (Do, Re♭, Re, Mi♭, Mi,
    Fa, Sol, La, Si♭)]
2 Trumpets (C, E♭, E) [Trombe, Tr-be (Do, Mi♭, Mi)]
3 Trombones [Tromboni, Tr-ni]
Cimbasso [Cimb.]
Timpani [Timp.]
Triangle [Triangolo, Triang.]
Bass Drum [Gran Cassa, G.C.]
Cymbals [Piatti, P.]
Tam-tam
Harp [Arpa]
Violins I, II [Violini, Viol.]
Violas [Viole, V-le]
Cellos [Violoncelli, Vc.]
Basses [Contrabassi, Cb.]

Onstage [Sul palco]:
    6 Trombe Egiziane (A♭, B) [Tr-be Egiz. (La♭, Si)]
    Military Band [Banda]
    Harp [Arpa] (= Harp II)

From underground [dal sotterràneo]:
    4 Trumpets (C) [Trombe (Do)]
    4 Trombones [Tromboni]
    Bass Drum [Gran Cassa]

AIDA

Preludio

4

ATTO PRIMO
SCENA PRIMA
Sala nel Palazzo del Re a Menfi.

A destra e a sinistra una colonnata con statue e arbusti in fiori. - Grande porta nel fondo, da cui appariscono i tempii, i palazzi di Menfi e le Piramidi.

INTRODUZIONE E SCENA

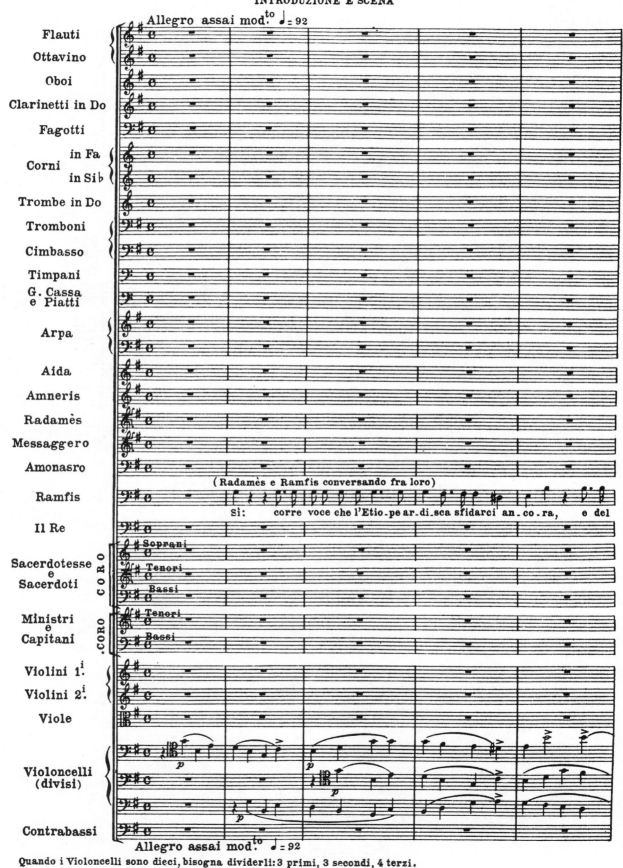

(Radamès e Ramfis conversando fra loro)

Ramfis: Sì: corre voce che l'Etio.pe ar.di.sca sfidarci an.co.ra, e del

Quando i Violoncelli sono dieci, bisogna dividerli: 3 primi, 3 secondi, 4 terzi.

8

Romanza

14

-sie - ro tu sei re - gi - na, tu di mia vi - ta sei lo splen-

15

Il tuo bel cie_lo vorrei ri - dar - ti, le dolci brezze del patrio

16

suol;   un re - gal ser - - to sul - crin po - sar - - ti, er - gerti un

tro_no vicino al sol,   un trono vicino al sol,   un trono vicino al sol.........................

18

Degna d'invidia oh! quan _ _ to sa _ ri _ _ a la don _ na il cui bramato a _

_ spetto tanta lu _ ce di gau _ dio in te destas _ se!

D'un sogno avventu _ roso si be _ a _ va il mio

21

26

30

31

32

34

(Entra il Re, preceduto dalle sue guardie e seguito da Ramfis, dai Ministri, Sacerdoti, Capitani ecc, ecc.)

40

43

44

.rier. Le sacre armi ti cingi, alla vitto_ria vo _ la.

Sul del cor prorompa il

49

bandiera a Radamès)

du_ce, il ves_sil_lo glo_ri̇_o_so;   ti sia gui_da, ti sia lu_ce del_la   gloria sul sen_

58

60

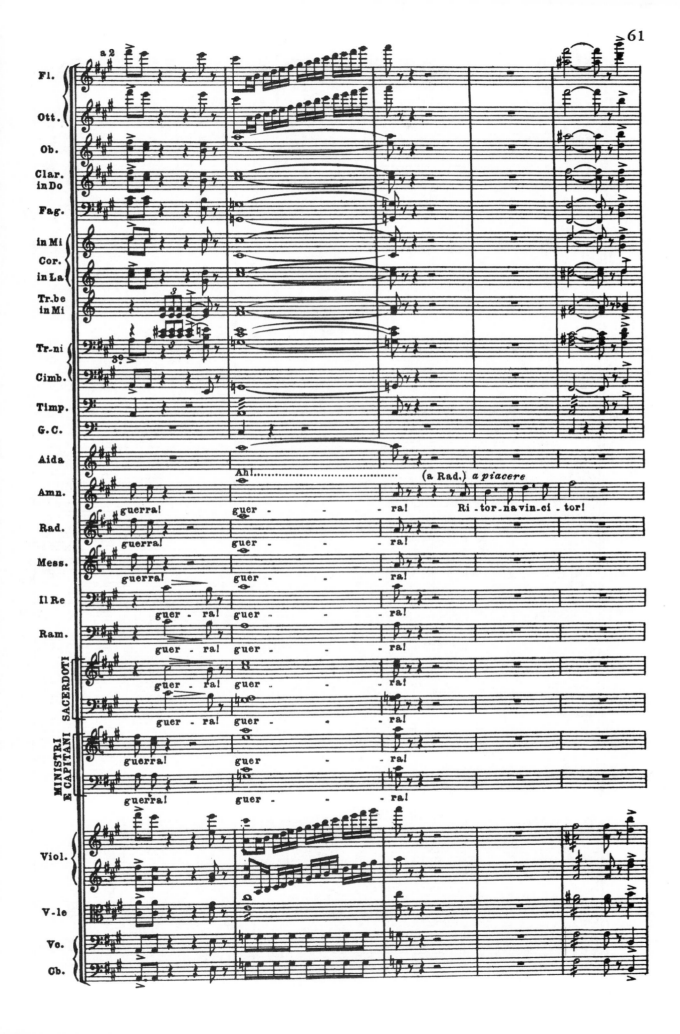

63

64

Scena e Romanza – AIDA

66

72

SCENA SECONDA
Interno del Tempio di Vulcano a Menfi.

Una luce misteriosa scende dall'alto. - Una lunga fila di colonne, l'una all'altra addossate, si perde fra le tenebre.
Statue di varie Divinità. Nel mezzo della scena, sovra un palco coperto da tappeti, sorge l'altare sormontato da
emblemi sacri. Dai tripodi d'oro si innalza il fumo degli incensi.

GRAN SCENA DELLA CONSACRAZIONE E FINALE I.º

74

76

Danza Sacra delle Sacerdotesse

(Radamès viene introdotto senz'armi, va all'altare; sul suo capo vien steso un velo d'argento)

80

82

Il sa‿cro brando dal Dio temprato, per tua man di‿venti ai nemi‿ci terror, folgore, mor‿ ‿ ‿

84

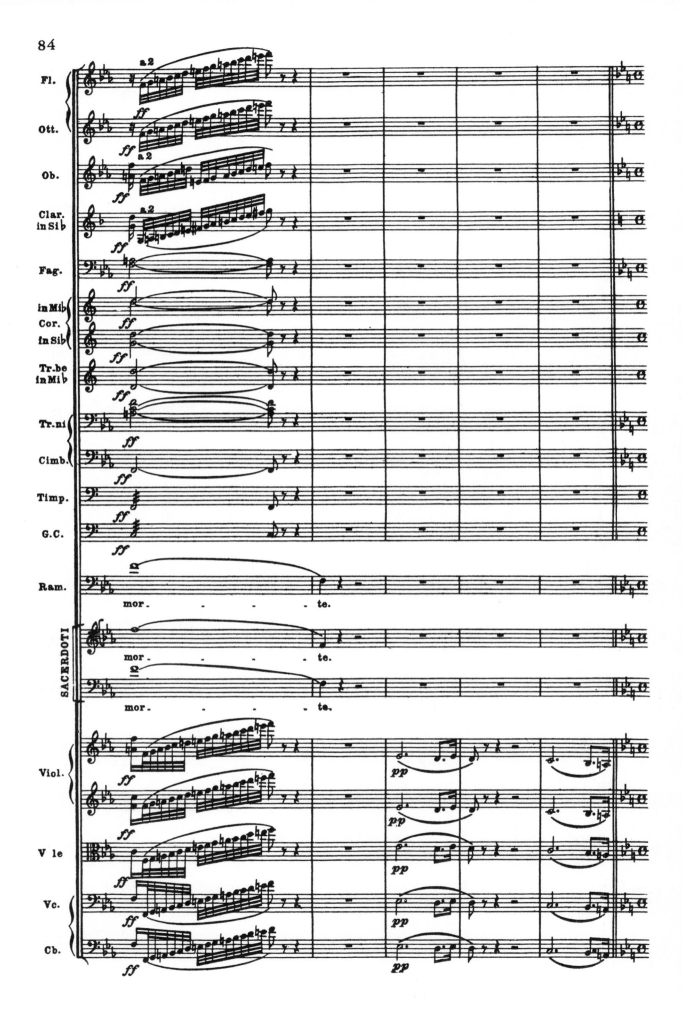

85

87

88

92

93

94

Fine dell' Atto primo.

ATTO SECONDO
Introduzione
SCENA, CORO DI DONNE E DANZA DEGLI SCHIAVI MORI.

SCENA I. Una sala nell'appartamento di Amneris.

Amneris circondata dalle Schiave che l'abbigliano per la festa trionfale. Dai tripodi si eleva il profumo degli aromi. Giovani schiavi mori danzando agitano i ventagli di piume.

98

100

102

106

Danza di piccoli schiavi mori

108

112

118

120

Scena e Duetto

124

129

132

133

134

Poco più vivo ♩ = 100

Aida: Ah! pie _ tà!.. che più mi re _ sta? un de _ serto è la mia guerra e mor _ te al _ lo stra _ nier!

Amn.: .... io.... sul tro _ no accanto al Re.

Coro: guerra e mor _ te al _ lo stra _ nier! / guerra e mor _ te al _ lo stra _ nier!

Poco più vivo ♩ = 100

Aida: vi _ ta; vi vi e regna, il tuo fu _ ro _ re io tra bre_ve plache _ rò. Quest'a_mo_re chet'ir_

142

Gran Finale secondo.

SCENA II. Uno degli ingressi della città di Tebe.

Sul davanti un gruppo di palme. A destra il tempio di Ammone - a sinistra un trono sormontato da un baldacchino di porpora.- Nel fondo una porta trionfale.- La scena è ingombra di popolo.

146

Entra il Re, seguito dai Ministri, dai Sacerdoti, Capitani, Flabelliferi, Porta insegne, ecc., ecc. Quindi Amneris con Aida e schiave. Il Re va a sedere sul trono. Amneris prende posto alla sinistra del Re.

149

154

159

(Le truppe Egizie, precedute dalle fanfare, sfilano dinanzi al Re)

(Altro corpo di truppe con alla testa i trombettieri)

Ballabile

(Un drappello di danzatrici che recano i tesori dei vinti)

174

175

195

196

202

203

208

214

_fit _ to;   se l'amor della pa_tria   è de _lit _to   siam rei tut _ti, siam prontiamo_

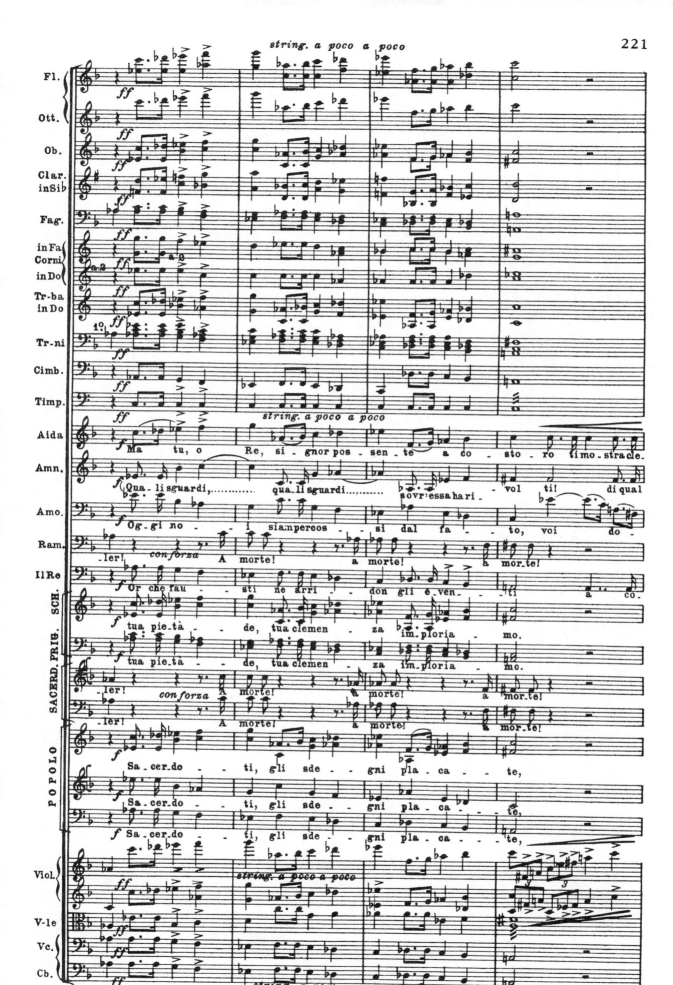

224

228

229

232

246

250

W Più mosso ♩=132
Fl.
Ott.
Ob.
Clar. in Si ♭
Fag.
in Mi ♭
Cor.
in Si ♭
Tr-be in Mi ♭
Tr-ni
Cimb.
Timp.
G. C. e P.
Banda
Aida
di - spe.ra - to a - mor, a........ me l'o - bli - o, l'o - bli - o, le........
Amn.
cor, le gio - je del mio cor, tut - te del cor........ tut - te........ si com -
Rad.
val........ d'A - i - da il cor, d'E - git - to il suol non........ va - le, non
Amon.
- ta già prossimo è l'al - bor, per........ noi del - la, del - la ven -
Ram.
- sti al - la pa - tria, in - ni le - via - mo ad I - si - de che il sa - cro suol, che il sa - cro suol di -
Il Re
crin, sul crin del vin - ci - tor, s'in - trec - ci il lo - to, il lo - to al
PRIG. SCH.
- ri solchi del pa - trio suol, che ci ri - do - na, ri - do - na, che ci ri -
SACERD.
- sti al - la pa - tria, in - ni le - via - mo ad I - si - de che il sa - cro suol, che il sa - cro suol di -
POPOLO
crin sul crin del vin - ci - tor, s'in - trec - ci il lo - to al lau - ro il lo - to al
sul crin del vin - ci - tor, s'in - trec - ci il lo - to al lau - ro sul crin, sul crin del vin - ci - tor, sul
crin sul crin del vin - ci - tor, s'in - trec - ci il lo - to, il lo - to al
Viol.
V-le
Vc.
Cb.
W Più mosso ♩=132

254

Fine dell'Atto Secondo.

ATTO TERZO

Le rive del Nilo.

Roccie di granito fra cui crescono dei palmizii. Sul vertice delle roccie il tempio d'Iside per metà nascosto tra le fronde. È notte stellata. Splendore di luna.

INTRODUZIONE, PREGHIERA-CORO, ROMANZA - AIDA

260

264

266

268

Fl.
Ob.
1º solo
dolciss.
Clar. in Sib
Fag.1º
pp
in Fa
Cor.
in Sib
1º.
3º.
Aida
appassionato
Ah! ben ram - men - to quegl'infau-sti gior - ni! ram - mento i
Amon.
- dò.
dolciss.
Viol.
arco
arco
V.le
arco
Vc.
Cb.
pp arco
Fl.
a due
ppp
Ott.
ppp
Ob.
1º.
a due
ppp
Clar. in Sib
a due
ppp
Fag.
1º.
pp
in Fa
Cor.
in Sib
ppp
ppp
Aida
pp
cantabile
lut - ti che il mio cor sof - frì!...
Deh!....... fa - te, o Nu - -
Viol.
ppp dolciss.
ppp dolciss.
V le
pp
Vc.
stacc.
pp
Cb.
pp

279

282

283

284

Aida: -re! Che mi consi_gli tu? No! no! giam_mai!

Amon.: Su,

285

291

294

298

300

304

314

318

.tu. ra, là si schiude un ciel d'a. mor.   I de . ser . ti intermi.na ti a noi talamo.......sa.

320

terra av‿ven‿tu‿ra‿ta de'miei padri il cielne at‿ten‿de; i ‿ vi laura è imbal‿sa‿ma‿ta, i ‿ vi il

Vie - ni me - co, t'a - mo, t'a - mo! a noi du - ce fia l'a.

Vie - ni me - co, t'a - mo, t'a - mo! a noi du - ce fia l'a.

330

338

340

io   re _ sto a te.

Fine dell'Atto terzo.

344

ATTO QUARTO

SCENA PRIMA
Sala nel Palazzo del Re.

Alla sinistra una gran porta che mette alla sala sotterranea delle sentenze.-Andito a destra che conduce alla prigione di Radamès.

SCENA E DUETTO
AMNERIS E RADAMÈS

(Amneris mestamente atteggiata davanti la porta del sotterraneo)

346

ve _ ro,   ma   pu _ ro il mio pen _ sie _ ro,   ma pu _ ro il mio pen _ sie _ ro   e l'onor mio re.

360

L'infamia m'at-ten _ de e vuoi ch'io vi . . . . va?

364

.ro - re hai tu can - gia - to un a - mor ch'egual non

ciel   si com - pi - rà,   de' miei   pian - ti la   ven -

372

-det - ta or dal ciel,.. dal ciel si com - pi -

374

376

Tempo doppio=lo stesso movimento

Fl.

Ott.

Oboi

Clar.
in Do

Fag.

in Mi♭
Cor.
in Do

Tr_be
in Do

Tr ni

Cimb.

Timp.

Amn.

_rà,   de' miei pianti   la - ven - det - ta

Rad.

_vrà; l'i - ra u - ma - na più non te_mo, te _ mo   sol la tua pie - tà;

Viol.

V_le

Vc.

Cb.

379

382

384

-pre - co a troce ge - lo - si - a,   che la sua morte   e il lutto e - terno del mio cor   se-

(vedendo i Sacerdoti)

-gnasti!   Eccoi fa - ta - - li, gl'i - ne - so-
(I Sacerdoti attraversano la scena
ed entrano nel sotterraneo)

pizz.

pizz.

pizz.

396

398

403

404

409

raz..za! anatéma su voi! la vendetta del ciel, del ciel.... scen.de _ rà! a _ na.

410

(esce disperata)

- té - ma su voi!

Cambiamento di scena.

413

SCENA SECONDA
La Scena è divisa in due piani.

Il piano superiore rappresenta l'interno del tempio di Vulcano splendente d'oro e di luce: il piano inferiore un sotterraneo. Lunghe file d'arcate si perdono nell'oscurità. Statue colossali d'Osiride colle mani incrociate sostengono i pilastri della vôlta.

SCENA E DUETTO-FINALE ULTIMO
AIDA E RADAMÈS - AMNERIS E CORO

414

416

.... i . vi ogni affanno ces _ sa...   i _ vi co _ mincia l'esta_si   d'un immortale a_

mor,............................ comin.cia l'e . . sta.si d'un immor.ta . . le a.

(✳) Un solo Contrabasso.

432

436

ADIRONDACK COMMUNITY COLLEGE
LIBRARY

ADIRONDACK COMMUNITY COLLEGE
LIBRARY

ADIRONDACK COMMUNITY COLLEGE
LIBRARY

ADIRONDACK COMMUNITY COLLEGE
LIBRARY

DISCARDED

ADIRONDACK COMMUNITY COLLEGE

3 3341 00078276 2

DATE DUE

ADIRONDACK COMMUNITY COLLEGE
LIBRARY

DISCARDED